TRANZLATY

Language is for everyone

Kieli kuuluu kaikille

Beauty and the Beast

Kaunotar ja Hirviö

Gabrielle-Suzanne Barbot de Villeneuve

English / Suomi

Copyright © 2025 Tranzlaty
All rights reserved
Published by Tranzlaty
ISBN: 978-1-83566-972-3
Original text by Gabrielle-Suzanne Barbot de Villeneuve
La Belle et la Bête
First published in French in 1740
Taken from The Blue Fairy Book (Andrew Lang)
Illustration by Walter Crane
www.tranzlaty.com

There was once a rich merchant
Olipa kerran rikas kauppias
this rich merchant had six children
tällä rikkaalla kauppiaalla oli kuusi lasta
he had three sons and three daughters
hänellä oli kolme poikaa ja kolme tytärtä
he spared no cost for their education
hän ei säästänyt kustannuksia heidän koulutuksestaan
because he was a man of sense
koska hän oli järkevä mies
but he gave his children many servants
mutta hän antoi lapsilleen paljon palvelijoita
his daughters were extremely pretty
hänen tyttärensä olivat erittäin kauniita
and his youngest daughter was especially pretty
ja hänen nuorin tyttärensä oli erityisen kaunis
as a child her Beauty was already admired
Hänen kauneuttaan ihailtiin jo lapsena
and the people called her by her Beauty
ja ihmiset kutsuivat häntä hänen kauneutensa vuoksi
her Beauty did not fade as she got older
hänen kauneutensa ei haihtunut vanhetessaan
so the people kept calling her by her Beauty
joten ihmiset kutsuivat häntä kauneutensa takia
this made her sisters very jealous
tämä sai hänen sisarensa hyvin mustasukkaiseksi
the two eldest daughters had a great deal of pride
kahdella vanhimmalla tyttärellä oli paljon ylpeyttä
their wealth was the source of their pride
heidän rikkautensa oli heidän ylpeytensä lähde
and they didn't hide their pride either
eivätkä he myöskään piilottaneet ylpeyttään
they did not visit other merchants' daughters
he eivät käyneet muiden kauppiaiden tyttärien luona
because they only meet with aristocracy
koska he kohtaavat vain aristokratian

they went out every day to parties
he menivät joka päivä juhliin
balls, plays, concerts, and so forth
pallot, näytelmät, konsertit ja niin edelleen
and they laughed at their youngest sister
ja he nauroivat nuorimmalle siskolleen
because she spent most of her time reading
koska hän vietti suurimman osan ajastaan lukemiseen
it was well known that they were wealthy
tiedettiin hyvin, että he olivat varakkaita
so several eminent merchants asked for their hand
joten useat merkittävät kauppiaat pyysivät heidän kättään
but they said they were not going to marry
mutta he sanoivat, etteivät aio mennä naimisiin
but they were prepared to make some exceptions
mutta he olivat valmiita tekemään joitain poikkeuksia
"perhaps I could marry a Duke"
"ehkä voisin mennä naimisiin herttuan kanssa"
"I guess I could marry an Earl"
"Luulen, että voisin mennä naimisiin Earlin kanssa"
Beauty very civilly thanked those that proposed to her
kaunotar kiitti hyvin sivistyneesti häntä kosineita
she told them she was still too young to marry
hän kertoi heille olevansa vielä liian nuori mennäkseen naimisiin
she wanted to stay a few more years with her father
hän halusi olla vielä muutaman vuoden isänsä luona
All at once the merchant lost his fortune
Yhtäkkiä kauppias menetti omaisuutensa
he lost everything apart from a small country house
hän menetti kaiken paitsi pienen maalaistalon
and he told his children with tears in his eyes:
ja hän sanoi lapsilleen kyyneleet silmissään:
"we must go to the countryside"
"Meidän täytyy mennä maaseudulle"
"and we must work for our living"

"ja meidän on tehtävä työtä elantomme eteen"
the two eldest daughters didn't want to leave the town
kaksi vanhinta tytärtä eivät halunneet lähteä kaupungista
they had several lovers in the city
heillä oli kaupungissa useita rakastajia
and they were sure one of their lovers would marry them
ja he olivat varmoja, että joku heidän rakastajistaan menisi heidän kanssaan naimisiin
they thought their lovers would marry them even with no fortune
he luulivat, että heidän rakastajansa menivät heidän kanssaan naimisiin ilman omaisuutta
but the good ladies were mistaken
mutta hyvät naiset erehtyivät
their lovers abandoned them very quickly
heidän rakastajansa hylkäsivät heidät hyvin nopeasti
because they had no fortunes any more
koska heillä ei ollut enää omaisuutta
this showed they were not actually well liked
tämä osoitti, että he eivät olleet kovin pidettyjä
everybody said they do not deserve to be pitied
kaikki sanoivat, että he eivät ansaitse tulla sääliksi
"we are glad to see their pride humbled"
"Olemme iloisia nähdessämme heidän ylpeytensä nöyrtyvän"
"let them be proud of milking cows"
"olkoot ylpeitä lypsävistä lehmistä"
but they were concerned for Beauty
mutta he olivat huolissaan kauneudesta
she was such a sweet creature
hän oli niin suloinen olento
she spoke so kindly to poor people
hän puhui niin ystävällisesti köyhille
and she was of such an innocent nature
ja hän oli niin viaton luonne
Several gentlemen would have married her
Useat herrat olisivat menneet naimisiin hänen kanssaan

they would have married her even though she was poor
he olisivat menneet naimisiin hänen kanssaan, vaikka hän oli köyhä
but she told them she couldn't marry them
mutta hän sanoi heille, ettei hän voisi mennä naimisiin heidän kanssaan
because she would not leave her father
koska hän ei jättäisi isäänsä
she was determined to go with him to the countryside
hän oli päättänyt lähteä hänen kanssaan maaseudulle
so that she could comfort and help him
jotta hän voisi lohduttaa ja auttaa häntä
Poor Beauty was very grieved at first
Huono kauneus oli aluksi hyvin surullinen
she was grieved by the loss of her fortune
hän oli surullinen omaisuutensa menetyksestä
"but crying won't change my fortunes"
"mutta itkeminen ei muuta onneani"
"I must try to make myself happy without wealth"
"Minun täytyy yrittää tehdä itseni onnelliseksi ilman varallisuutta"
they came to their country house
he tulivat maalaistalolleen
and the merchant and his three sons applied themselves to husbandry
ja kauppias ja hänen kolme poikaansa ryhtyivät karjanhoitoon
Beauty rose at four in the morning
kauneus nousi neljältä aamulla
and she hurried to clean the house
ja hän kiirehti siivoamaan taloa
and she made sure dinner was ready
ja hän varmisti, että illallinen oli valmis
in the beginning she found her new life very difficult
alussa hän koki uuden elämänsä erittäin vaikeaksi
because she had not been used to such work
koska hän ei ollut tottunut sellaiseen työhön

but in less than two months she grew stronger
mutta alle kahdessa kuukaudessa hän vahvistui
and she was healthier than ever before
ja hän oli terveempi kuin koskaan ennen
after she had done her work she read
kun hän oli tehnyt työnsä, hän luki
she played on the harpsichord
hän soitti cembaloa
or she sung whilst she spun silk
tai hän lauloi samalla kun hän kehräsi silkkiä
on the contrary, her two sisters did not know how to spend their time
päinvastoin, hänen kaksi sisartaan eivät tienneet kuinka viettää aikaansa
they got up at ten and did nothing but laze about all day
he nousivat kymmeneltä eivätkä tehneet muuta kuin laiskotellen koko päivän
they lamented the loss of their fine clothes
he valittivat hienojen vaatteensa menetystä
and they complained about losing their acquaintances
ja he valittivat tuttaviensa menettämisestä
"Have a look at our youngest sister," they said to each other
"Katsokaa meidän nuorinta siskoamme", he sanoivat toisilleen
"what a poor and stupid creature she is"
"mikä köyhä ja tyhmä olento hän on"
"it is mean to be content with so little"
"on ikävää olla tyytyväinen niin vähään"
the kind merchant was of quite a different opinion
ystävällinen kauppias oli aivan eri mieltä
he knew very well that Beauty outshone her sisters
hän tiesi erittäin hyvin, että kauneus loisti hänen sisarensa
she outshone them in character as well as mind
hän ylitti heidät luonteeltaan ja mieleltään
he admired her humility and her hard work
hän ihaili hänen nöyryyttään ja kovaa työtä
but most of all he admired her patience

mutta ennen kaikkea hän ihaili hänen kärsivällisyyttään
her sisters left her all the work to do
hänen sisarensa jättivät hänelle kaiken työn
and they insulted her every moment
ja he loukkasivat häntä joka hetki
The family had lived like this for about a year
Perhe oli elänyt tällä tavalla noin vuoden
then the merchant got a letter from an accountant
sitten kauppias sai kirjeen kirjanpitäjältä
he had an investment in a ship
hänellä oli sijoitus laivaan
and the ship had safely arrived
ja laiva oli turvallisesti perillä
this news turned the heads of the two eldest daughters
t hänen uutisensa käänsivät kahden vanhimman tyttären päät
they immediately had hopes of returning to town
heillä oli heti toivo palata kaupunkiin
because they were quite weary of country life
koska he olivat melko väsyneitä maalaiselämään
they went to their father as he was leaving
he menivät isänsä luo, kun tämä oli lähdössä
they begged him to buy them new clothes
he pyysivät häntä ostamaan heille uusia vaatteita
dresses, ribbons, and all sorts of little things
mekkoja, nauhoja ja kaikenlaisia pikkuasioita
but Beauty asked for nothing
mutta kauneus ei pyytänyt mitään
because she thought the money wasn't going to be enough
koska hän ajatteli, että rahat eivät riittäisi
there wouldn't be enough to buy everything her sisters wanted
ei riittäisi ostamaan kaikkea, mitä hänen sisarensa halusivat
"What would you like, Beauty?" asked her father
"Mitä sinä haluaisit, kaunotar?" kysyi isänsä
"thank you, father, for the goodness to think of me," she said
"Kiitos, isä, että ajattelit minua", hän sanoi

"father, be so kind as to bring me a rose"
"Isä, ole niin ystävällinen ja tuo minulle ruusu"
"because no roses grow here in the garden"
"koska ruusuja ei kasva täällä puutarhassa"
"and roses are a kind of rarity"
"ja ruusut ovat eräänlainen harvinaisuus"
Beauty didn't really care for roses
kauneus ei todellakaan välittänyt ruusuista
she only asked for something not to condemn her sisters
hän vain pyysi jotain, jotta hän ei tuomitsisi sisaruksiaan
but her sisters thought she asked for roses for other reasons
mutta hänen sisarensa luulivat, että hän pyysi ruusuja muista syistä
"she did it just to look particular"
"hän teki sen vain näyttääkseen erityiseltä"
The kind man went on his journey
Ystävällinen mies lähti matkaansa
but when he arrived they argued about the merchandise
mutta kun hän saapui, he riitelivät tavarasta
and after a lot of trouble he came back as poor as before
ja monen vaivan jälkeen hän palasi takaisin yhtä köyhänä kuin ennenkin
he was within a couple of hours of his own house
hän oli muutaman tunnin päässä omasta talostaan
and he already imagined the joy of seeing his children
ja hän kuvitteli jo lastensa näkemisen ilon
but when going through forest he got lost
mutta metsän halki kulkiessaan hän eksyi
it rained and snowed terribly
satoi ja satoi kauheasti
the wind was so strong it threw him off his horse
tuuli oli niin kova, että se heitti hänet hevosestaan
and night was coming quickly
ja yö tuli nopeasti
he began to think that he might starve
hän alkoi ajatella, että hän näkisi nälkään

and he thought that he might freeze to death
ja hän ajatteli, että hän voisi jäätyä kuoliaaksi
and he thought wolves may eat him
ja hän ajatteli, että sudet voivat syödä hänet
the wolves that he heard howling all round him
sudet, jotka hän kuuli ulvovan ympärillään
but all of a sudden he saw a light
mutta yhtäkkiä hän näki valon
he saw the light at a distance through the trees
hän näki valon kaukaa puiden läpi
when he got closer he saw the light was a palace
kun hän tuli lähemmäksi, hän näki valon olevan palatsi
the palace was illuminated from top to bottom
palatsi oli valaistu ylhäältä alas
the merchant thanked God for his luck
kauppias kiitti Jumalaa onnesta
and he hurried to the palace
ja hän kiirehti palatsiin
but he was surprised to see no people in the palace
mutta hän oli yllättynyt, kun hän ei nähnyt ihmisiä palatsissa
the court yard was completely empty
piha oli täysin tyhjä
and there was no sign of life anywhere
eikä elon merkkiä näkynyt missään
his horse followed him into the palace
hänen hevosensa seurasi häntä palatsiin
and then his horse found large stable
ja sitten hänen hevosensa löysi suuren tallin
the poor animal was almost famished
köyhä eläin oli melkein nälkäinen
so his horse went in to find hay and oats
niin hänen hevosensa meni etsimään heinää ja kauraa
fortunately he found plenty to eat
onneksi hän löysi runsaasti syötävää
and the merchant tied his horse up to the manger
ja kauppias sitoi hevosensa seimeen

walking towards the house he saw no one
kävellessään kohti taloa hän ei nähnyt ketään
but in a large hall he found a good fire
mutta suuresta salista hän löysi hyvän tulen
and he found a table set for one
ja hän löysi yhdelle katetun pöydän
he was wet from the rain and snow
hän oli märkä sateesta ja lumesta
so he went near the fire to dry himself
niin hän meni lähelle tulta kuivaamaan
"I hope the master of the house will excuse me"
"Toivon, että talon isäntä antaa minulle anteeksi"
"I suppose it won't take long for someone to appear"
"Ei kestä kauan, että joku ilmestyy"
He waited a considerable time
Hän odotti pitkään
he waited until it struck eleven, and still nobody came
hän odotti, kunnes kello osui yksitoista, eikä kukaan tullut vieläkään
at last he was so hungry that he could wait no longer
vihdoin hän oli niin nälkäinen, ettei hän voinut odottaa enää
he took some chicken and ate it in two mouthfuls
hän otti kanaa ja söi sen kahdessa suupalassa
he was trembling while eating the food
hän vapisi syödessään ruokaa
after this he drank a few glasses of wine
tämän jälkeen hän joi muutaman lasin viiniä
growing more courageous he went out of the hall
rohkaistuessaan hän lähti salista
and he crossed through several grand halls
ja hän kulki useiden suurien hallien läpi
he walked through the palace until he came into a chamber
hän käveli palatsin läpi, kunnes tuli kammioon
a chamber which had an exceeding good bed in it
kammio, jossa oli erittäin hyvä sänky
he was very much fatigued from his ordeal

hän oli hyvin väsynyt koettelemuksestaan
and the time was already past midnight
ja kello oli jo yli puolenyön
so he decided it was best to shut the door
joten hän päätti, että oli parasta sulkea ovi
and he concluded he should go to bed
ja hän päätti, että hänen pitäisi mennä nukkumaan
It was ten in the morning when the merchant woke up
Kello oli kymmenen aamulla, kun kauppias heräsi
just as he was going to rise he saw something
juuri kun hän aikoi nousta, hän näki jotain
he was astonished to see a clean set of clothes
hän hämmästyi nähdessään puhtaan vaatesarjan
in the place where he had left his dirty clothes
paikkaan, johon hän oli jättänyt likaiset vaatteensa
"certainly this palace belongs to some kind fairy"
"Tämä palatsi kuuluu varmasti jollekin keijulle"
"a fairy who has seen and pitied me"
" keiju , joka on nähnyt ja säälinyt minut"
he looked through a window
hän katsoi ikkunasta
but instead of snow he saw the most delightful garden
mutta lumen sijasta hän näki mitä ihanamman puutarhan
and in the garden were the most beautiful roses
ja puutarhassa oli kauneimpia ruusuja
he then returned to the great hall
sitten hän palasi suureen saliin
the hall where he had had soup the night before
sali, jossa hän oli syönyt keittoa edellisenä iltana
and he found some chocolate on a little table
ja hän löysi suklaata pieneltä pöydältä
"Thank you, good Madam Fairy," he said aloud
"Kiitos, hyvä rouva Fairy", hän sanoi ääneen
"thank you for being so caring"
"Kiitos että olet niin välittävä"
"I am extremely obliged to you for all your favours"

"Olen erittäin kiitollinen sinulle kaikista palveluksistasi"
the kind man drank his chocolate
kiltti mies joi suklaansa
and then he went to look for his horse
ja sitten hän meni etsimään hevosta
but in the garden he remembered Beauty's request
mutta puutarhassa hän muisti kauneuden pyynnön
and he cut off a branch of roses
ja hän katkaisi ruusuista oksan
immediately he heard a great noise
heti hän kuuli suuren äänen
and he saw a terribly frightful Beast
ja hän näki hirveän pelottavan pedon
he was so scared that he was ready to faint
hän oli niin peloissaan, että oli valmis pyörtymään
"You are very ungrateful," said the Beast to him
"Olet hyvin kiittämätön", sanoi peto hänelle
and the Beast spoke in a terrible voice
ja peto puhui kauhealla äänellä
"I have saved your life by allowing you into my castle"
"Olen pelastanut henkesi päästämällä sinut linnaani"
"and for this you steal my roses in return?"
"ja tästä varastat ruusuni vastineeksi?"
"The roses which I value beyond anything"
"Ruusut, joita arvostan yli kaiken"
"but you shall die for what you've done"
"mutta sinun on kuoltava sen tähden, mitä olet tehnyt"
"I give you but a quarter of an hour to prepare yourself"
"Annan sinulle vain neljännestuntia valmistautua"
"get yourself ready for death and say your prayers"
"Valmistaudu kuolemaan ja rukoile"
the merchant fell on his knees
kauppias lankesi polvilleen
and he lifted up both his hands
ja hän kohotti molemmat kätensä
"My lord, I beseech you to forgive me"

"Herrani, pyydän teitä antamaan minulle anteeksi"
"I had no intention of offending you"
"Minulla ei ollut aikomusta loukata sinua"
"I gathered a rose for one of my daughters"
"Kokoin ruusun yhdelle tyttärestäni"
"she asked me to bring her a rose"
"hän pyysi minua tuomaan hänelle ruusun"
"I am not your lord, but I am a Beast," replied the monster
"En ole herrasi, mutta olen peto", vastasi hirviö
"I don't love compliments"
"En pidä kohteliaisuuksista"
"I like people who speak as they think"
"Pidän ihmisistä, jotka puhuvat niin kuin ajattelevat"
"do not imagine I can be moved by flattery"
"älä kuvittele, että imartelu voi liikuttaa minua"
"But you say you have got daughters"
"Mutta sinä sanot, että sinulla on tyttäriä"
"I will forgive you on one condition"
"Annan sinulle anteeksi yhdellä ehdolla"
"one of your daughters must come to my palace willingly"
"Yksi tyttäreistäsi täytyy tulla palatsiini mielellään"
"and she must suffer for you"
"ja hänen täytyy kärsiä puolestasi"
"Let me have your word"
"Anna minun sanoa sanasi"
"and then you can go about your business"
"ja sitten voit hoitaa asioitasi"
"Promise me this:"
"Lupaa minulle tämä:"
"if your daughter refuses to die for you, you must return within three months"
"Jos tyttäresi kieltäytyy kuolemasta puolestasi, sinun on palattava kolmen kuukauden kuluessa"
the merchant had no intentions to sacrifice his daughters
kauppiaalla ei ollut aikomusta uhrata tyttäriään
but, since he was given time, he wanted to see his daughters

once more
mutta koska hänelle oli annettu aikaa, hän halusi nähdä tyttärensä vielä kerran
so he promised he would return
joten hän lupasi palata
and the Beast told him he might set out when he pleased
ja peto sanoi hänelle, että hän voisi lähteä liikkeelle, kun hän haluaa
and the Beast told him one more thing
ja peto kertoi hänelle vielä yhden asian
"you shall not depart empty handed"
"älä lähde tyhjin käsin"
"go back to the room where you lay"
"Mene takaisin huoneeseen, jossa makasit"
"you will see a great empty treasure chest"
"näet suuren tyhjän aarrearkun"
"fill the treasure chest with whatever you like best"
"täytä aarrearkku millä tahansa parhaalla tavalla"
"and I will send the treasure chest to your home"
"ja minä lähetän aarrearkun kotiisi"
and at the same time the Beast withdrew
ja samalla peto vetäytyi
"Well," said the good man to himself
"No", sanoi hyvä mies itselleen
"if I must die, I shall at least leave something to my children"
"Jos minun on kuoltava, jätän ainakin jotain lapsilleni"
so he returned to the bedchamber
niin hän palasi makuuhuoneeseen
and he found a great many pieces of gold
ja hän löysi paljon kultahiukkasia
he filled the treasure chest the Beast had mentioned
hän täytti pedon mainitseman aarrearkun
and he took his horse out of the stable
ja hän vei hevosensa tallista
the joy he felt when entering the palace was now equal to

the grief he felt leaving it
ilo, jonka hän tunsi astuessaan palatsiin, oli nyt yhtä suuri kuin suru, jonka hän tunsi sieltä poistuessaan
the horse took one of the roads of the forest
hevonen kulki yhdellä metsän teistä
and in a few hours the good man was home
ja muutaman tunnin kuluttua hyvä mies oli kotona
his children came to him
hänen lapsensa tulivat hänen luokseen
but instead of receiving their embraces with pleasure, he looked at them
mutta sen sijaan, että hän olisi vastaanottanut heidän syleilynsä ilolla, hän katsoi heitä
he held up the branch he had in his hands
hän kohotti oksaa, joka hänellä oli käsissään
and then he burst into tears
ja sitten hän purskahti itkuun
"Beauty," he said, "please take these roses"
"Kauneus", hän sanoi, "ottakaa nämä ruusut"
"you can't know how costly these roses have been"
"et voi tietää kuinka kalliita nämä ruusut ovat olleet"
"these roses have cost your father his life"
"nämä ruusut ovat maksaneet isällesi hänen henkensä"
and then he told of his fatal adventure
ja sitten hän kertoi kohtalokkaasta seikkailustaan
immediately the two eldest sisters cried out
heti kaksi vanhinta sisarta huusivat
and they said many mean things to their beautiful sister
ja he sanoivat monia ilkeitä asioita kauniille siskolleen
but Beauty did not cry at all
mutta kauneus ei itkenyt ollenkaan
"Look at the pride of that little wretch," said they
"Katsokaa tuon pienen kurjan ylpeyttä", he sanoivat
"she did not ask for fine clothes"
"hän ei pyytänyt hienoja vaatteita"
"she should have done what we did"

"hänen olisi pitänyt tehdä mitä me teimme"
"she wanted to distinguish herself"
"hän halusi erottua"
"so now she will be the death of our father"
"niin nyt hän on isämme kuolema"
"and yet she does not shed a tear"
"ja silti hän ei vuodata kyynelettä"
"Why should I cry?" answered Beauty
"Miksi minun pitäisi itkeä?" vastasi kaunotar
"crying would be very needless"
"itkeminen olisi turhaa"
"my father will not suffer for me"
"isäni ei kärsi puolestani"
"the monster will accept of one of his daughters"
"hirviö hyväksyy yhden tyttärestään"
"I will offer myself up to all his fury"
"Annan itseni kaikelle hänen raivolleen"
"I am very happy, because my death will save my father's life"
"Olen hyvin onnellinen, koska kuolemani pelastaa isäni hengen"
"my death will be a proof of my love"
"Kuolemani on todiste rakkaudestani"
"No, sister," said her three brothers
"Ei, sisko", sanoi hänen kolme veljeään
"that shall not be"
"se ei tule olemaan"
"we will go find the monster"
"Me lähdemme etsimään hirviötä"
"and either we will kill him..."
"ja joko tapamme hänet..."
"... or we will perish in the attempt"
"...tai me tuhoudumme yrityksessä"
"Do not imagine any such thing, my sons," said the merchant
"Älkää kuvitelko mitään sellaista, poikani", sanoi kauppias
"the Beast's power is so great that I have no hope you could

overcome him"
"pedon voima on niin suuri, että minulla ei ole toivoa, että voisit voittaa hänet"
"I am charmed with Beauty's kind and generous offer"
"Olen ihastunut kauneuden ystävälliseen ja anteliaan tarjoukseen"
"but I cannot accept to her generosity"
"mutta en voi hyväksyä hänen anteliaisuuttaan"
"I am old, and I don't have long to live"
"Olen vanha, eikä minulla ole enää kauan elinaikaa"
"so I can only loose a few years"
"joten voin menettää vain muutaman vuoden"
"time which I regret for you, my dear children"
"aika, jota kadun teidän puolestanne, rakkaat lapseni"
"But father," said Beauty
"Mutta isä", sanoi kaunotar
"you shall not go to the palace without me"
"et mene palatsiin ilman minua"
"you cannot stop me from following you"
"et voi estää minua seuraamasta sinua"
nothing could convince Beauty otherwise
mikään ei voisi vakuuttaa kauneutta toisin
she insisted on going to the fine palace
hän vaati menevänsä hienoon palatsiin
and her sisters were delighted at her insistence
ja hänen sisarensa olivat iloisia hänen vaatimuksestaan
The merchant was worried at the thought of losing his daughter
Kauppias oli huolissaan ajatuksesta, että hän menettäisi tyttärensä
he was so worried that he had forgotten about the chest full of gold
hän oli niin huolissaan, että hän oli unohtanut arkun, joka oli täynnä kultaa
at night he retired to rest, and he shut his chamber door
yöllä hän vetäytyi lepäämään ja sulki kammionsa oven

then, to his great astonishment, he found the treasure by his bedside
sitten hän suureksi hämmästykseksi löysi aarteen vuoteensa vierestä
he was determined not to tell his children
hän oli päättänyt olla kertomatta lapsilleen
if they knew, they would have wanted to return to town
jos he olisivat tienneet, he olisivat halunneet palata kaupunkiin
and he was resolved not to leave the countryside
ja hän päätti olla lähtemättä maaseudulta
but he trusted Beauty with the secret
mutta hän luotti salaisuuden kauneuteen
she informed him that two gentlemen had came
hän ilmoitti hänelle, että kaksi herraa oli saapunut
and they made proposals to her sisters
ja he tekivät ehdotuksia hänen sisarilleen
she begged her father to consent to their marriage
hän pyysi isäänsä suostumaan heidän avioliittoonsa
and she asked him to give them some of his fortune
ja hän pyysi häntä antamaan heille osan omaisuudestaan
she had already forgiven them
hän oli jo antanut heille anteeksi
the wicked creatures rubbed their eyes with onions
pahat olennot hieroivat silmiään sipulilla
to force some tears when they parted with their sister
pakottaakseen kyyneleitä, kun he erosivat sisarensa kanssa
but her brothers really were concerned
mutta hänen veljensä olivat todella huolissaan
Beauty was the only one who did not shed any tears
kaunotar oli ainoa, joka ei vuodattanut kyyneleitä
she did not want to increase their uneasiness
hän ei halunnut lisätä heidän levottomuuttaan
the horse took the direct road to the palace
hevonen kulki suoraa tietä palatsiin
and towards evening they saw the illuminated palace

ja illalla he näkivät valaistun palatsin
the horse took himself into the stable again
hevonen vei itsensä taas talliin
and the good man and his daughter went into the great hall
ja hyvä mies ja hänen tyttärensä menivät suureen saliin
here they found a table splendidly served up
täältä he löysivät pöydän, joka oli upeasti katettu
the merchant had no appetite to eat
kauppiaalla ei ollut ruokahalua
but Beauty endeavoured to appear cheerful
mutta kauneus yritti näyttää iloiselta
she sat down at the table and helped her father
hän istui pöytään ja auttoi isäänsä
but she also thought to herself:
mutta hän ajatteli myös itsekseen:
"Beast surely wants to fatten me before he eats me"
"Peto haluaa varmasti lihottaa minut ennen kuin syö minut"
"that is why he provides such plentiful entertainment"
"Siksi hän tarjoaa niin runsasta viihdettä"
after they had eaten they heard a great noise
syötyään he kuulivat suurta melua
and the merchant bid his unfortunate child farewell, with tears in his eyes
ja kauppias jätti onnettoman lapsensa hyvästit kyyneleet silmissään
because he knew the Beast was coming
koska hän tiesi, että peto oli tulossa
Beauty was terrified at his horrid form
kaunotar oli kauhuissaan hänen kauheasta muodostaan
but she took courage as well as she could
mutta hän uskalsi niin hyvin kuin pystyi
and the monster asked her if she came willingly
ja hirviö kysyi häneltä tuliko hän mielellään
"yes, I have come willingly," she said trembling
"Kyllä, olen tullut mielelläni", hän sanoi vapisten
the Beast responded, "You are very good"

peto vastasi: "Olet erittäin hyvä"
"and I am greatly obliged to you; honest man"
"Ja olen erittäin kiitollinen sinulle, rehellinen mies"
"go your ways tomorrow morning"
"menkää tiesi huomisaamuna"
"but never think of coming here again"
"mutta älä koskaan ajattele tulla tänne enää"
"Farewell Beauty, farewell Beast," he answered
"Hyvästi kaunotar, jäähyväiset peto", hän vastasi
and immediately the monster withdrew
ja heti hirviö vetäytyi
"Oh, daughter," said the merchant
"Voi tytär", sanoi kauppias
and he embraced his daughter once more
ja hän syleili tytärtään vielä kerran
"I am almost frightened to death"
"Olen melkein kuoliaaksi peloissani"
"believe me, you had better go back"
"Usko minua, sinun on parempi mennä takaisin"
"let me stay here, instead of you"
"Anna minun jäädä tänne sinun sijaansi"
"No, father," said Beauty, in a resolute tone
"Ei, isä", sanoi kaunotar päättäväisellä äänellä
"you shall set out tomorrow morning"
"Sinä lähdet huomenna aamulla"
"leave me to the care and protection of providence"
"jätä minut huolenpidon huoleksi ja suojelukseksi"
nonetheless they went to bed
siitä huolimatta he menivät nukkumaan
they thought they would not close their eyes all night
he luulivat, etteivät he sulkeisi silmiään koko yönä
but just as they lay down they slept
mutta nukkuessaan he nukkuivat
Beauty dreamed a fine lady came and said to her:
kaunotar näki unta, hieno nainen tuli ja sanoi hänelle:
"I am content, Beauty, with your good will"

"Olen tyytyväinen, kauneus, hyvään tahtoonne"
"this good action of yours shall not go unrewarded"
"tämä hyvä tekosi ei jää palkitsematta"
Beauty waked and told her father her dream
kaunotar heräsi ja kertoi isälleen unestaan
the dream helped to comfort him a little
unelma lohdutti häntä hieman
but he could not help crying bitterly as he was leaving
mutta hän ei voinut olla itkemättä katkerasti lähteessään
as soon as he was gone, Beauty sat down in the great hall and cried too
heti kun hän oli poissa, kauneus istui suuressa salissa ja myös itki
but she resolved not to be uneasy
mutta hän päätti olla levoton
she decided to be strong for the little time she had left to live
hän päätti olla vahva sen pienen ajan, joka hänellä oli jäljellä elääkseen
because she firmly believed the Beast would eat her
koska hän uskoi lujasti, että peto syö hänet
however, she thought she might as well explore the palace
hän kuitenkin ajatteli, että hän voisi yhtä hyvin tutustua palatsiin
and she wanted to view the fine castle
ja hän halusi katsella hienoa linnaa
a castle which she could not help admiring
linna, jota hän ei voinut olla ihailematta
it was a delightfully pleasant palace
se oli ilahduttavan miellyttävä palatsi
and she was extremely surprised at seeing a door
ja hän oli erittäin yllättynyt nähdessään oven
and over the door was written that it was her room
ja oven yli oli kirjoitettu, että se oli hänen huoneensa
she opened the door hastily
hän avasi oven hätäisesti
and she was quite dazzled with the magnificence of the

room
ja hän oli aivan hämmentynyt huoneen loistosta
what chiefly took up her attention was a large library
pääasiallisesti hänen huomionsa kiinnitti suuri kirjasto
a harpsichord and several music books
cembalo ja useita musiikkikirjoja
"Well," said she to herself
"No", hän sanoi itselleen
"I see the Beast will not let my time hang heavy"
"Näen, että peto ei anna aikani roikkua raskaana"
then she reflected to herself about her situation
sitten hän pohti itsekseen tilannettaan
"If I was meant to stay a day all this would not be here"
"Jos minun olisi tarkoitus jäädä päiväksi, tämä kaikki ei olisi täällä"
this consideration inspired her with fresh courage
tämä harkinta inspiroi häntä uutta rohkeutta
and she took a book from her new library
ja hän otti kirjan uudesta kirjastostaan
and she read these words in golden letters:
ja hän luki nämä sanat kultaisin kirjaimin:
"Welcome Beauty, banish fear"
"Tervetuloa kauneus, karkota pelko"
"You are queen and mistress here"
"Olet kuningatar ja rakastajatar täällä"
"Speak your wishes, speak your will"
"Puhu toiveesi, sano tahtosi"
"Swift obedience meets your wishes here"
"Nopea tottelevaisuus täyttää toiveesi täällä"
"Alas," said she, with a sigh
"Voi", sanoi hän huokaisten
"Most of all I wish to see my poor father"
"Ennen kaikkea haluan nähdä köyhän isäni"
"and I would like to know what he is doing"
"ja haluaisin tietää mitä hän tekee"
As soon as she had said this she noticed the mirror

Heti kun hän oli sanonut tämän, hän huomasi peilin
to her great amazement she saw her own home in the mirror
suureksi hämmästyksekseen hän näki oman kotinsa peilistä
her father arrived emotionally exhausted
hänen isänsä saapui emotionaalisesti uupuneena
her sisters went to meet him
hänen sisarensa menivät tapaamaan häntä
despite their attempts to appear sorrowful, their joy was visible
huolimatta heidän yrityksistään näyttää surullisilta, heidän ilonsa oli näkyvää
a moment later everything disappeared
hetken kuluttua kaikki katosi
and Beauty's apprehensions disappeared too
ja kauneuden pelko katosi myös
for she knew she could trust the Beast
sillä hän tiesi voivansa luottaa petoon
At noon she found dinner ready
Keskipäivällä hän löysi illallisen valmiina
she sat herself down at the table
hän istuutui pöytään
and she was entertained with a concert of music
ja häntä viihdytettiin musiikkikonsertilla
although she couldn't see anybody
vaikka hän ei nähnyt ketään
at night she sat down for supper again
yöllä hän istui taas illalliselle
this time she heard the noise the Beast made
tällä kertaa hän kuuli melun, jota peto teki
and she could not help being terrified
eikä hän voinut olla peloissaan
"Beauty," said the monster
"kauneus", sanoi hirviö
"do you allow me to eat with you?"
"sallitko minun syödä kanssasi?"
"do as you please," Beauty answered trembling

"Tee mitä tahdot", kaunotar vastasi vapisten
"No," replied the Beast
"Ei", vastasi peto
"you alone are mistress here"
"Sinä yksin olet rakastajatar täällä"
"you can send me away if I'm troublesome"
"Voit lähettää minut pois, jos olen hankala"
"send me away and I will immediately withdraw"
"lähetä minut pois niin vetäydyn välittömästi"
"But, tell me; do you not think I am very ugly?"
"Mutta, kerro minulle; enkö sinun mielestäsi ole kovin ruma?"
"That is true," said Beauty
"Se on totta", sanoi kaunotar
"I cannot tell a lie"
"En voi valehdella"
"but I believe you are very good natured"
"mutta uskon, että olet erittäin hyväluonteinen"
"I am indeed," said the monster
"Olen todellakin", sanoi hirviö
"But apart from my ugliness, I also have no sense"
"Mutta rumuudeni lisäksi minulla ei ole myöskään järkeä"
"I know very well that I am a silly creature"
"Tiedän erittäin hyvin, että olen typerä olento"
"It is no sign of folly to think so," replied Beauty
"Ei ole hulluuden merkki ajatella niin", vastasi kaunotar
"Eat then, Beauty," said the monster
"Syö sitten, kaunotar", sanoi hirviö
"try to amuse yourself in your palace"
"yritä viihdyttää itseäsi palatsissasi"
"everything here is yours"
"kaikki täällä on sinun"
"and I would be very uneasy if you were not happy"
"ja olisin hyvin levoton, jos et olisi onnellinen"
"You are very obliging," answered Beauty
"Olet erittäin kohtelias", vastasi kaunotar
"I admit I am pleased with your kindness"

"Myönnän, että olen iloinen ystävällisyydestäsi"
"and when I consider your kindness, I hardly notice your deformities"
"ja kun ajattelen ystävällisyyttäsi, en juurikaan huomaa epämuodostumiasi"
"Yes, yes," said the Beast, "my heart is good
"Kyllä, kyllä", sanoi peto, "sydämeni on hyvä
"but although I am good, I am still a monster"
"mutta vaikka olen hyvä, olen silti hirviö"
"There are many men that deserve that name more than you"
"On monia miehiä, jotka ansaitsevat sen nimen enemmän kuin sinä"
"and I prefer you just as you are"
"ja pidän sinusta parempana sellaisena kuin olet"
"and I prefer you more than those who hide an ungrateful heart"
"ja minä pidän sinusta enemmän kuin niistä, jotka kätkevät kiittämättömän sydämen"
"if only I had some sense," replied the Beast
"Jos minulla vain olisi järkeä", vastasi peto
"if I had sense I would make a fine compliment to thank you"
"Jos minulla olisi järkeä, tekisin hienon kohteliaisuuden kiittääkseni sinua"
"but I am so dull"
"mutta olen niin tylsä"
"I can only say I am greatly obliged to you"
"Voin vain sanoa, että olen erittäin kiitollinen sinulle"
Beauty ate a hearty supper
kaunotar söi runsaan illallisen
and she had almost conquered her dread of the monster
ja hän oli melkein voittanut pelkonsa hirviötä kohtaan
but she wanted to faint when the Beast asked her the next question
mutta hän halusi pyörtyä, kun peto kysyi häneltä seuraavan kysymyksen

"Beauty, will you be my wife?"
"Kaunotar, tuletko vaimokseni?"
she took some time before she could answer
hän kesti jonkin aikaa ennen kuin ehti vastata
because she was afraid of making him angry
koska hän pelkäsi saada hänet vihaiseksi
at last, however, she said "no, Beast"
Lopulta hän kuitenkin sanoi "ei, peto"
immediately the poor monster hissed very frightfully
heti köyhä hirviö sihisi hyvin pelokkaasti
and the whole palace echoed
ja koko palatsi kaikui
but Beauty soon recovered from her fright
mutta kauneus toipui pian pelostaan
because Beast spoke again in a mournful voice
koska peto puhui taas surullisella äänellä
"then farewell, Beauty"
"Sitten hyvästi, kaunotar"
and he only turned back now and then
ja hän kääntyi vain silloin tällöin
to look at her as he went out
katsomaan häntä hänen lähtiessään ulos
now Beauty was alone again
nyt kauneus oli taas yksin
she felt a great deal of compassion
hän tunsi suurta myötätuntoa
"Alas, it is a thousand pities"
"Voi, se on tuhat sääli"
"anything so good natured should not be so ugly"
"mikään niin hyvälaatuinen ei saa olla niin rumaa"
Beauty spent three months very contentedly in the palace
kaunotar vietti kolme kuukautta erittäin tyytyväisenä palatsissa
every evening the Beast paid her a visit
joka ilta peto kävi hänen luonaan
and they talked during supper

ja he puhuivat illallisen aikana
they talked with common sense
he puhuivat terveellä järjellä
but they didn't talk with what people call wittiness
mutta he eivät puhuneet sillä, mitä ihmiset kutsuvat nokkelaksi
Beauty always discovered some valuable character in the Beast
kaunotar löysi aina jonkin arvokkaan hahmon pedosta
and she had gotten used to his deformity
ja hän oli tottunut hänen epämuodostumaansa
she didn't dread the time of his visit anymore
hän ei enää pelännyt hänen vierailunsa aikaa
now she often looked at her watch
nyt hän katsoi usein kelloaan
and she couldn't wait for it to be nine o'clock
ja hän ei malttanut odottaa, että kello olisi yhdeksän
because the Beast never missed coming at that hour
koska peto ei koskaan jäänyt tulematta tuohon aikaan
there was only one thing that concerned Beauty
oli vain yksi asia, joka koski kauneutta
every night before she went to bed the Beast asked her the same question
joka ilta ennen kuin hän meni nukkumaan, peto kysyi häneltä saman kysymyksen
the monster asked her if she would be his wife
hirviö kysyi häneltä, olisiko hän hänen vaimonsa
one day she said to him, "Beast, you make me very uneasy"
eräänä päivänä hän sanoi hänelle: "Peto, teet minut hyvin levottomaksi"
"I wish I could consent to marry you"
"Toivon, että voisin suostua naimisiin kanssasi"
"but I am too sincere to make you believe I would marry you"
"mutta olen liian vilpitön saadakseen sinut uskomaan, että menisin naimisiin kanssasi"

"our marriage will never happen"
"Avioliittomme ei tule koskaan toteutumaan"
"I shall always see you as a friend"
"Näen sinut aina ystävänä"
"please try to be satisfied with this"
"Yrittäkää olla tyytyväinen tähän"
"I must be satisfied with this," said the Beast
"Minun täytyy olla tyytyväinen tähän", sanoi peto
"I know my own misfortune"
"Tiedän oman onnettomuuteni"
"but I love you with the tenderest affection"
"mutta rakastan sinua helläimmällä kiintymyksellä "
"However, I ought to consider myself as happy"
"Minun pitäisi kuitenkin pitää itseäni onnellisena"
"and I should be happy that you will stay here"
"ja minun pitäisi olla onnellinen, että pysyt täällä"
"promise me never to leave me"
"lupaa minulle, ettet koskaan jätä minua"
Beauty blushed at these words
kaunotar punastui näistä sanoista
one day Beauty was looking in her mirror
eräänä päivänä kaunotar katsoi peiliinsä
her father had worried himself sick for her
hänen isänsä oli huolissaan sairaana hänen puolestaan
she longed to see him again more than ever
hän halusi nähdä hänet uudelleen enemmän kuin koskaan
"I could promise never to leave you entirely"
"Voisin luvata, etten koskaan jätä sinua kokonaan"
"but I have so great a desire to see my father"
"mutta minulla on niin suuri halu nähdä isäni"
"I would be impossibly upset if you say no"
"Olisin mahdottoman järkyttynyt, jos sanoisit ei"
"I had rather die myself," said the monster
"Minä olisin mieluummin kuollut itse", sanoi hirviö
"I would rather die than make you feel uneasiness"
"Kuolen mieluummin kuin saattaisin sinut tuntemaan

levottomuutta"
"I will send you to your father"
"Lähetän sinut isäsi luo"
"you shall remain with him"
"Sinä jäät hänen luokseen"
"and this unfortunate Beast will die with grief instead"
"ja tämä onneton peto kuolee sen sijaan suruun"
"No," said Beauty, weeping
"Ei", kaunotar sanoi itkien
"I love you too much to be the cause of your death"
"Rakastan sinua liian paljon ollakseni kuolemasi syy"
"I give you my promise to return in a week"
"Annan sinulle lupaukseni palata viikon kuluttua"
"You have shown me that my sisters are married"
"Olet näyttänyt minulle, että sisareni ovat naimisissa"
"and my brothers have gone to the army"
"ja veljeni ovat menneet armeijaan"
"let me stay a week with my father, as he is alone"
"Anna minun olla viikon isäni luona, koska hän on yksin"
"You shall be there tomorrow morning," said the Beast
"Olet siellä huomenna aamulla", sanoi peto
"but remember your promise"
"Mutta muista lupauksesi"
"You need only lay your ring on a table before you go to bed"
"Sinun tarvitsee vain laittaa sormus pöydälle ennen nukkumaanmenoa"
"and then you will be brought back before the morning"
"ja sitten sinut tuodaan takaisin ennen aamua"
"Farewell dear Beauty," sighed the Beast
"Hyvästi, rakas kaunotar", huokasi peto
Beauty went to bed very sad that night
kaunotar meni nukkumaan hyvin surullisena sinä iltana
because she didn't want to see Beast so worried
koska hän ei halunnut nähdä petoa niin huolestuneena
the next morning she found herself at her father's home

seuraavana aamuna hän löysi itsensä isänsä kodista
she rung a little bell by her bedside
hän soitti pientä kelloa sänkynsä vieressä
and the maid gave a loud shriek
ja piika huusi kovaa
and her father ran upstairs
ja hänen isänsä juoksi yläkertaan
he thought he was going to die with joy
hän luuli kuolevansa iloon
he held her in his arms for quarter of an hour
hän piti häntä sylissään neljänneksen tunnin ajan
eventually the first greetings were over
lopulta ensimmäiset terveiset olivat ohi
Beauty began to think of getting out of bed
kaunotar alkoi miettiä sängystä nousemista
but she realized she had brought no clothes
mutta hän tajusi, ettei ollut tuonut vaatteita
but the maid told her she had found a box
mutta piika kertoi löytäneensä laatikon
the large trunk was full of gowns and dresses
iso tavaratila oli täynnä pukuja ja mekkoja
each gown was covered with gold and diamonds
jokainen puku oli päällystetty kullalla ja timantilla
Beauty thanked Beast for his kind care
kaunotar kiitti petoa ystävällisestä hoidostaan
and she took one of the plainest of the dresses
ja hän otti yhden selkeimmistä mekoista
she intended to give the other dresses to her sisters
hän aikoi antaa muut mekot sisarilleen
but at that thought the chest of clothes disappeared
mutta siinä ajatuksessa vaatearkku katosi
Beast had insisted the clothes were for her only
peto oli vaatinut, että vaatteet olivat vain hänelle
her father told her that this was the case
hänen isänsä kertoi hänelle, että näin oli
and immediately the trunk of clothes came back again

ja heti vaatteet palasivat takaisin
Beauty dressed herself with her new clothes
kaunotar pukeutui uusiin vaatteisiinsa
and in the meantime maids went to find her sisters
ja sillä välin piiat menivät etsimään hänen sisaruksiaan
both her sister were with their husbands
molemmat hänen sisarensa olivat miehensä kanssa
but both her sisters were very unhappy
mutta molemmat hänen sisarensa olivat hyvin onnettomia
her eldest sister had married a very handsome gentleman
hänen vanhin sisarensa oli naimisissa erittäin komean herrasmiehen kanssa
but he was so fond of himself that he neglected his wife
mutta hän oli niin rakas itseensä, että hän laiminlyö vaimonsa
her second sister had married a witty man
hänen toinen sisarensa oli mennyt naimisiin nokkelan miehen kanssa
but he used his wittiness to torment people
mutta hän käytti älykkyyttään ihmisten kiusaamiseen
and he tormented his wife most of all
ja hän kiusasi vaimoaan eniten
Beauty's sisters saw her dressed like a princess
kauneuden sisaret näkivät hänet pukeutuneena kuin prinsessa
and they were sickened with envy
ja he saivat kateudesta
now she was more beautiful than ever
nyt hän oli kauniimpi kuin koskaan
her affectionate behaviour could not stifle their jealousy
hänen hellä käytöksensä ei voinut tukahduttaa heidän mustasukkaisuuttaan
she told them how happy she was with the Beast
hän kertoi heille kuinka onnellinen hän oli pedon kanssa
and their jealousy was ready to burst
ja heidän kateutensa oli valmis puhkeamaan
They went down into the garden to cry about their misfortune

He menivät alas puutarhaan itkemään epäonneaan
"In what way is this little creature better than us?"
"Millä tavalla tämä pieni olento on meitä parempi?"
"Why should she be so much happier?"
"Miksi hänen pitäisi olla niin paljon onnellisempi?"
"Sister," said the older sister
"Sisko", sanoi vanhempi sisko
"a thought just struck my mind"
"Ajatus iski mieleeni"
"let us try to keep her here for more than a week"
"Yritetään pitää hänet täällä yli viikon"
"perhaps this will enrage the silly monster"
"ehkä tämä raivoaa typerän hirviön"
"because she would have broken her word"
"koska hän olisi rikkonut sanansa"
"and then he might devour her"
"ja sitten hän saattaa niellä hänet"
"that's a great idea," answered the other sister
"Se on hieno idea", vastasi toinen sisko
"we must show her as much kindness as possible"
"Meidän täytyy osoittaa hänelle niin paljon ystävällisyyttä kuin mahdollista"
the sisters made this their resolution
sisaret tekivät tämän päätöksensä
and they behaved very affectionately to their sister
ja he käyttäytyivät hyvin hellästi siskoaan kohtaan
poor Beauty wept for joy from all their kindness
köyhä kaunotar itki ilosta kaikesta heidän ystävällisyydestään
when the week was expired, they cried and tore their hair
kun viikko oli kulunut umpeen, he itkivät ja repivät hiuksiaan
they seemed so sorry to part with her
he näyttivät niin pahoilta erota hänestä
and Beauty promised to stay a week longer
ja kauneus lupasi viipyä viikon pidempään
In the meantime, Beauty could not help reflecting on herself
Sillä välin kauneus ei voinut olla pohtimatta itseään

she worried what she was doing to poor Beast
hän oli huolissaan siitä, mitä hän teki pedolle
she know that she sincerely loved him
hän tietää rakastavansa häntä vilpittömästi
and she really longed to see him again
ja hän todella halusi nähdä hänet uudelleen
the tenth night she spent at her father's too
kymmenennen yön hän vietti myös isänsä luona
she dreamed she was in the palace garden
hän unelmoi olevansa palatsin puutarhassa
and she dreamt she saw the Beast extended on the grass
ja hän näki unta näkevänsä pedon ruoholla
he seemed to reproach her in a dying voice
hän näytti moittelevan häntä kuolevalla äänellä
and he accused her of ingratitude
ja hän syytti häntä kiittämättömyydestä
Beauty woke up from her sleep
kaunotar heräsi unestaan
and she burst into tears
ja hän purskahti itkuun
"Am I not very wicked?"
"Enkö ole kovin ilkeä?"
"Was it not cruel of me to act so unkindly to the Beast?"
"Eikö ollut julmaa, että toimin niin epäystävällisesti pedolle?"
"Beast did everything to please me"
"peto teki kaikkensa miellyttääkseen minua"
"Is it his fault that he is so ugly?"
"Onko hänen syynsä, että hän on niin ruma?"
"Is it his fault that he has so little wit?"
"Onko hänen syynsä, että hänellä on niin vähän järkeä?"
"He is kind and good, and that is sufficient"
"Hän on ystävällinen ja hyvä, ja se riittää"
"Why did I refuse to marry him?"
"Miksi kieltäydyin menemästä hänen kanssaan naimisiin?"
"I should be happy with the monster"
"Minun pitäisi olla tyytyväinen hirviöön"

"look at the husbands of my sisters"
"Katsokaa sisarteni aviomiehiä"
"neither wittiness, nor a being handsome makes them good"
"nokkeluus eikä komeus tee heistä hyviä"
"neither of their husbands makes them happy"
"kumpikaan heidän aviomiehistään ei tee heitä onnelliseksi"
"but virtue, sweetness of temper, and patience"
"mutta hyve, luonteen suloisuus ja kärsivällisyys"
"these things make a woman happy"
"nämä asiat tekevät naisen onnelliseksi"
"and the Beast has all these valuable qualities"
"ja pedolla on kaikki nämä arvokkaat ominaisuudet"
"it is true; I do not feel the tenderness of affection for him"
"se on totta; en tunne kiintymyksen hellyyttä häntä kohtaan"
"but I find I have the highest gratitude for him"
"mutta huomaan olevani erittäin kiitollinen hänestä"
"and I have the highest esteem of him"
"ja minä arvostan häntä eniten"
"and he is my best friend"
"ja hän on paras ystäväni"
"I will not make him miserable"
"En tee hänestä kurjaa"
"If were I to be so ungrateful I would never forgive myself"
"Jos olisin niin kiittämätön, en koskaan antaisi itselleni anteeksi"
Beauty put her ring on the table
kaunotar laittoi sormuksensa pöydälle
and she went to bed again
ja hän meni uudestaan nukkumaan
scarce was she in bed before she fell asleep
tuskin hän oli sängyssä ennen nukahtamistaan
she woke up again the next morning
hän heräsi taas seuraavana aamuna
and she was overjoyed to find herself in the Beast's palace
ja hän oli äärettömän iloinen löytäessään itsensä pedon palatsista

she put on one of her nicest dress to please him
hän puki yhden kauneimmista mekoistaan miellyttääkseen häntä
and she patiently waited for evening
ja hän odotti kärsivällisesti iltaa
at last the wished-for hour came
koitti toivottu tunti
the clock struck nine, yet no Beast appeared
kello löi yhdeksän, mutta petoa ei ilmestynyt
Beauty then feared she had been the cause of his death
kaunotar sitten pelkäsi, että hän oli ollut hänen kuolemansa syy
she ran crying all around the palace
hän juoksi itkien ympäri palatsia
after having sought for him everywhere, she remembered her dream
etsittyään häntä kaikkialta, hän muisti unensa
and she ran to the canal in the garden
ja hän juoksi puutarhassa olevalle kanavalle
there she found poor Beast stretched out
sieltä hän löysi köyhän pedon ojennettuna
and she was sure she had killed him
ja hän oli varma tappaneensa hänet
she threw herself upon him without any dread
hän heittäytyi hänen kimppuunsa ilman pelkoa
his heart was still beating
hänen sydämensä löi edelleen
she fetched some water from the canal
hän haki vettä kanavasta
and she poured the water on his head
ja hän kaatoi vettä hänen päähänsä
the Beast opened his eyes and spoke to Beauty
peto avasi silmänsä ja puhui kauneudelle
"You forgot your promise"
"Unohdit lupauksesi"
"I was so heartbroken to have lost you"

"Olin niin särkynyt, kun menetin sinut"
"I resolved to starve myself"
"Päätin nähdä itseni nälkään"
"but I have the happiness of seeing you once more"
"Mutta minulla on ilo nähdä sinut vielä kerran"
"so I have the pleasure of dying satisfied"
"niin minulla on ilo kuolla tyytyväisenä"
"No, dear Beast," said Beauty, "you must not die"
"Ei, rakas peto", sanoi kaunotar, "et saa kuolla"
"Live to be my husband"
"Elä ollakseni mieheni"
"from this moment I give you my hand"
"Tästä hetkestä lähtien annan sinulle käteni"
"and I swear to be none but yours"
"Ja vannon, että olen vain sinun"
"Alas! I thought I had only a friendship for you"
"Voi! Luulin, että minulla on vain ystävyys sinua varten"
"but the grief I now feel convinces me;"
"mutta suru, jota nyt tunnen, vakuuttaa minut;"
"I cannot live without you"
"En voi elää ilman sinua"
Beauty scarce had said these words when she saw a light
kauneus tuskin oli sanonut nämä sanat nähdessään valon
the palace sparkled with light
palatsi kimalteli valoa
fireworks lit up the sky
ilotulitus valaisi taivaan
and the air filled with music
ja ilma täynnä musiikkia
everything gave notice of some great event
kaikki kertoi jostain suuresta tapahtumasta
but nothing could hold her attention
mutta mikään ei voinut kiinnittää hänen huomionsa
she turned to her dear Beast
hän kääntyi rakkaan pedon puoleen
the Beast for whom she trembled with fear

peto , jonka vuoksi hän vapisi pelosta
but her surprise was great at what she saw!
mutta hänen yllätyksensä oli suuri näkemästään!
the Beast had disappeared
peto oli kadonnut
instead she saw the loveliest prince
sen sijaan hän näki ihanimman prinssin
she had put an end to the spell
hän oli lopettanut loitsun
a spell under which he resembled a Beast
loitsu, jossa hän muistutti petoa
this prince was worthy of all her attention
tämä prinssi oli kaiken huomionsa arvoinen
but she could not help but ask where the Beast was
mutta hän ei voinut olla kysymättä, missä peto oli
"You see him at your feet," said the prince
"Näet hänet jaloissasi", sanoi prinssi
"A wicked fairy had condemned me"
"Paha keiju oli tuominnut minut"
"I was to remain in that shape until a beautiful princess agreed to marry me"
"Minun piti pysyä siinä muodossa, kunnes kaunis prinsessa suostui naimisiin kanssani"
"the fairy hid my understanding"
"keiju piilotti ymmärrykseni"
"you were the only one generous enough to be charmed by the goodness of my temper"
"Sinä olit ainoa tarpeeksi antelias ollaksesi ihastunut luonteeni hyvyyteen"
Beauty was happily surprised
kaunotar yllätti iloisesti
and she gave the charming prince her hand
ja hän antoi hurmaavalle prinssille kätensä
they went together into the castle
he menivät yhdessä linnaan
and Beauty was overjoyed to find her father in the castle

ja kauneus oli äärettömän iloinen löydettyään isänsä linnasta
and her whole family were there too
ja koko hänen perheensä oli myös siellä
even the beautiful lady that appeared in her dream was there
Jopa hänen unessaan ilmestynyt kaunis nainen oli siellä
"Beauty," said the lady from the dream
"kauneus", sanoi nainen unesta
"come and receive your reward"
"Tule ja vastaanota palkintosi"
"you have preferred virtue over wit or looks"
"Olet mieluummin hyve kuin äly tai ulkonäkö"
"and you deserve someone in whom these qualities are united"
"ja ansaitset jonkun, jossa nämä ominaisuudet yhdistyvät"
"you are going to be a great queen"
"sinusta tulee mahtava kuningatar"
"I hope the throne will not lessen your virtue"
"Toivon, että valtaistuin ei vähennä hyvettäsi"
then the fairy turned to the two sisters
sitten keiju kääntyi kahden sisaruksen puoleen
"I have seen inside your hearts"
"Olen nähnyt sydämesi sisällä"
"and I know all the malice your hearts contain"
"ja minä tiedän kaiken pahan, mitä sydämesi sisältää"
"you two will become statues"
"teistä kahdesta tulee patsaita"
"but you will keep your minds"
"mutta pidät mielessäsi"
"you shall stand at the gates of your sister's palace"
"sinun tulee seisoa sisaresi palatsin porteilla"
"your sister's happiness shall be your punishment"
"sisaresi onnellisuus on sinun rangaistuksesi"
"you won't be able to return to your former states"
"et voi palata entisiin valtioihisi"
"unless, you both admit your faults"
"ellette molemmat tunnusta virheitänne"

"but I am foresee that you will always remain statues"
"mutta minä oletan, että pysytte aina patsaisina"
"pride, anger, gluttony, and idleness are sometimes conquered"
"Ylpeys, viha, ahneus ja joutilaisuus voitetaan joskus"
"but the conversion of envious and malicious minds are miracles"
" mutta kateellisten ja ilkeiden mielien kääntyminen on ihmeitä"
immediately the fairy gave a stroke with her wand
heti keiju löi sauvallaan
and in a moment all that were in the hall were transported
ja hetkessä kaikki salissa olevat kuljetettiin
they had gone into the prince's dominions
he olivat menneet prinssin valtakuntaan
the prince's subjects received him with joy
prinssin alamaiset ottivat hänet iloisesti vastaan
the priest married Beauty and the Beast
pappi naimisissa kaunotar ja pedon kanssa
and he lived with her many years
ja hän asui hänen kanssaan monta vuotta
and their happiness was complete
ja heidän onnensa oli täydellinen
because their happiness was founded on virtue
koska heidän onnensa perustui hyveeseen

The End
Loppu

www.tranzlaty.com

www.ingramcontent.com/pod-product-compliance
Lightning Source LLC
Chambersburg PA
CBHW010020130526
44590CB00048B/3973